LETTRE

AU
ROI D'ANGLETERRE,

SUR LES

AFFAIRES DE FRANCE,

Par J. GORANI, Citoyen français, Auteur des Lettres au Roi de Prusse, au Duc de Brunswick, au Roi de Sardaigne, au Pape, etc.

Le 8 Février, 1793, l'an second de la République Française.

SIRE,

J'ai toute ma vie été curieux de connoître par moi-même les Chefs des nations, qui sont toujours défigurés dans l'éloignement par l'adulation ou par la calomnie ; j'ai beaucoup étudié Votre Majesté, et j'ai encore présent à ma mémoire ce que j'ai vu dans votre personne, ce que j'en ai entendu, et ce que m'en ont dit les hommes les plus accrédités par leur sagesse, leur lumières et leur véracité.

A

Bon fils, bon mari, bon père et maître affable, vous êtes en outre, Sire, de tous les rois le plus instruit ; vous parlez bien plusieurs langues vivantes et mortes ; vous possédez l'histoire, la cosmographie, les mathématiques et la science de la navigation ; enfin, vous aviez, Sire, toutes les connoissances, toutes les qualités intellectuelles et morales, nécessaires pour devenir un grand monarque.

Quel malheur, Sire, qu'avec de si grands moyens de vous distinguer avec éclat, l'historien exact ne puisse recueillir dans votre règne, qu'une longue série de fautes impardonnables ! Votre nation fut-elle jamais si corrompue que depuis que vous êtes sur le trône ? Vos ministres n'ont-ils pas surpassé en duplicité, en basses intrigues, en ignorance, en rapines, en perversité, leurs prédécesseurs les plus méprisables, sans en excepter le cardinal Volsey, cet odieux ministre du monarque le plus vicieux.

Pourquoi, sous le gouvernement d'un prince aussi éclairé que vous, Sire, remarque-t-on une excessive dégradation dans toutes les parties de l'administration intérieure et extérieure de vos Etats, une dégénération si sensible dans les sciences mêmes et dans les arts, puisque la Grande-Bretagne ne contient que le sixième au plus, du nombre de savans et de gens de

lettres qu'il y avoit sous les cinq règnes pré-
cédens.

Si le vulgaire ne sait comment concilier des
faits si contradictoires, l'homme éclairé les
explique facilement, en observant que Georges III
prodigue à sa vie privée la majeure partie du
tems qu'il devroit employer aux affaires de
l'Etat; que ce prince a de l'entêtement sans
fermeté; que des préventions et des préjugés
égarent souvent son jugement, et qu'une ab-
surde dévotion lui fait confondre fréquemment
l'hypocrisie avec la vertu.

Jamais les plus brillantes qualités et les talens
les plus distingués ne formeront un homme
d'Etat, et encore moins un grand roi, s'ils ne
sont point accompagnés de la connoissance du
cœur humain, des principes et des vérités es-
sentielles au bonheur des peuples, d'une application soutenue pour les affaires, de l'habitude
de tout voir par soi-même, d'un caractère généreux, ferme et constant, et d'une défiance
perpétuelle sur les conseils et la conduite de
ceux qu'il employe à l'exécution de ses ordres.

L'histoire de tous les rois et l'expérience ont
dû vous apprendre, Sire, que les courtisans et
les ministres, ces ambitieux et avides argus de
leurs maîtres, sont perpétuellement occupés à
en analyser les pensées, les penchans, les

foiblesses et les vices , pour en abuser , pour se frayer des routes aux honneurs, aux emplois, à la fortune, et pour acquérir sur ces princes un ascendant aussi funeste pour ceux-ci que pour leurs peuples.

Vous auriez pu , Sire, éviter ces dangers , en vous tenant sans cesse en garde contre ces perfides adulateurs, en les contenant dans le devoir par l'émulation et la crainte, en les assujétissant à la responsabilité la plus sévère ; vous seriez ainsi resté libre d'exercer tous les actes de justice et de bienfaisance que vos peuples avoient droit d'attendre de vous, et vous auriez acquis par cette conduite, la puissance si flatteuse que donnent l'estime, le respect et la reconnoissance d'une nation, au lieu que vous êtes réduit à un despotisme qui ne se soutient que par les sollicitudes continuelles de la politique la plus astucieuse et la plus rapace.

J'ai des preuves que vous avez, Sire, senti ces vérités dans le commencement de votre règne; pourquoi les avez-vous abandonnées depuis ? Pourquoi avez-vous consenti de devenir le jouet et l'esclave de vos favoris ? Pourquoi, lorsque vous pouviez devenir un grand roi, avez-vous préféré d'être un tyran ?

Vous avez signalé les premiers momens de votre règne par une paix avantageuse , en 1762 ;

(5)

pour imposer plus facilement la loi à vos ennemis,
vous avez eu la dextérité de choisir pour mé-
diateur le cabinet de Turin , dirigé depuis long-
tems par celui de St. James. Ce moyen vous
a réussi ; vous n'avez éprouvé aucune contra-
diction ; vous avez obtenu tout ce que vous
desiriez, en conservant les apparences de la plus
grande modération. Charles Emmanuel a passé
pour être l'auteur des articles que vous aviez
dressés vous - même ; vous avez eu l'adresse de
faire croire à l'Europe que vous aviez préparé
la paix de Hubersbourg , de 1763 , quoique
cette paix ne fût que l'ouvrage du Grand Frédéric,
et ces premiers succès dans l'art de gouverner,
auroient dû vous encourager à faire de mieux
en mieux.

Je ne vous attribue , Sire , ces premiers actes
de votre règne , que parce qu'alors , plein d'activité , et toujours à la tête de votre ministère,
vous travailliez effectivement avec assiduité ;
que vos conseils avoient la plus grande influence
dans les affaires qui se traitoient dans votre
cabinet , et qu'enfin, sachant apprécier le mérite
de chacun de vos ministres , vous aviez le bon
esprit de ne vous confier alors qu'au plus habile,
et de ne chercher votre aggrandissement que
dans le bonheur de vos peuples. Mais cela ne
dura pas long-tems , et bientôt de nouveaux

ministres , abusant de votre dévotion , Sire , vous persuadèrent facilement, d'après Jacques Ier., que *l'autorité des rois vient de Dieu, que les lois exigent que cette autorité s'acroisse pour sa gloire, que les bons chrétiens doivent se contenter de la volonté de Dieu révélée par sa parole , et que les bons sujets doivent se reposer sur la volonté du prince révélée par sa loi.*

Vous savez , Sire, que Charles Ier. se perdit en voulant faire un acte de foi politique de ces fausses maximes de son père, si favorables au despotisme , et qu'il en abusa souvent pour suspendre la loi d'*habeas corpus.* Vous avez annoncé les mêmes intentions , en augmentant vos milices et vos troupes de terre, si inutiles à votre pays; vous les avez encore annoncé par vos presses fréquentes et tyranniques , et par vos camps armés. Ces actes de despotisme rapprochés de ceux de Charles Ier. , vous menacent, Sire , d'éprouver le même sort que lui. Charles commença à déchoir dans l'opinion des Anglais, par son opiniâtreté à soutenir ses favoris, et sur-tout le duc de Buckingham , qui avoit lassé la patience de la nation; cette nation s'irrita aussi des fréquens emprisonnemens que ce despote faisoit faire de ceux qui refusoient d'obéir à ses ordres iniques , et lui reprochoit encore sa malheureuse expédition de Cadix et de l'Isle de

Rhé, et la flotte qu'il envoya en France contre les Calvinistes.

Cette Nation vous reproche , Sire , des expéditions encore plus malheureuses et plus impolitiques ; elle vous reproche d'avoir disposé despotiquement de ses richesses, et de son sang, pour essayer en vain d'asservir er de ruiner ses frères, et ses amis, les habitans souverains des treize Etats-Unis d'Amérique , lorsqu'il vous étoit si facile d'éviter cette guerre injuste et ruineuse.

Elle vous reproche d'avoir favorisé l'asservissement des Hollandais par leur Stathouder.

Elle vous reproche d'avoir fait des efforts continuels , depuis que vous êtes sur le trône, pour en po.. er les prérogatives beaucoup au-delà des bornes posées par la constitution Britannique.

Elle vous reproche des emprisonnemens arbitraires , encore plus fréquens qu'ils ne le furent même sous le règne désastreux d'Edouard IV.

Elle vous reproche des violations manifestes du droit naturel de la liberté de la presse.

Elle vous reproche de favoriser les délations les plus odieuses.

Elle vous reproche d'avoir perfectionné l'art abominable de l'espionnage et de la corruption.

Elle vous reproche de corrompre l'opinion publique par les mensonges , les calomnies et les perfides insinuations dont vous remplissez les papiers publics.

Elle vous reproche d'avoir empêché la réforme des vices des élections et de la représentation nationale, et d'avoir constamment refusé toute justice à cet égard aux Ecossais, sur-tout, et aux Irlandais.

Elle vous reproche d'avoir excessivement augmenté les impôts et la dette publique.

Elle vous reproche d'avoir continuellement travaillé à l'asservir et à la ruiner.

Enfin la Nation vous reproche, Sire, de soutenir avec opiniâtreté votre ministre Pitt, principal conseil et complice des délits susdits.

Je vois encore, Sire, dans votre vie publique et privée, de grands rapports de ressemblance avec Henri IV, et qui me font craindre que vous ne finissiez comme lui.

La famille de Henri, comme la vôtre, n'avoit point de droit héréditaire à la couronne britannique ; des révolutions la leur procurèrent à l'une et à l'autre.

Vous avez, comme Henri, Sire, beaucoup de religion et d'affabilité.

Henri perdit les conquêtes que son père avoit faites en France : vous avez perdu les Etats d'Amérique ; et vous avez été sur le point de perdre l'Irlande.

Henri, avec quelques vertus, ne sut point conserver l'estime de son Peuple, et vous êtes dans le même cas.

Enfin, Henri VI dut ses malheurs au mauvais choix qu'il fit de ses ministres, et il est vraisemblable que les vôtres vous perdront également.

Pour régner avec gloire et prospérité, vous auriez dû, Sire, vous appliquer à faire établir le parfait équilibre des autorités constituées dans votre royaume : vous avez au contraire fait des efforts continuels pour faire pencher la balance, et pour la fixer en votre faveur ; vos ministres ont envahi tous les pouvoirs, et par votre dernière proclamation, ils vous ont encore fait usurper le pouvoir judiciaire ; et ces efforts vers le despotisme sont de véritables crimes de lèze-nation.

Au commencement de votre règne, Sire, l'usage de corrompre, dans les élections et dans le parlement, étoit déjà fort en vogue ; mais depuis 1767, vos ministres ont renoncé à toute pudeur à ce sujet ; les choses, à cet égard, en sont venues au point que l'homme incorruptible et d'un patriotisme énergique, n'est plus regardé que comme un sot par vos ministres et vos courtisans, qui le vexent et le persiflent ; et vous même, Sire, avez tellement

encouragé ce trafic infâme qu'on est générale-
ment persuadé que l'art de séduire est le seul
talent que vous exigez de vos mandataires ;
on voit que c'est avec les emplois et les di-
gnités dont vous disposez, et avec l'argent que
vous arrachez à vos Peuples, que vous achetez ces
fréquentes et serviles adresses, dans lesquelles
l'imposture et la bassesse, déguisant l'état désastreux de vos finances et la misère de vos
peuples, font l'éloge de votre administration ;
ces dégoûtantes flagorneries de votre parlement
rappellent le langage du vil sénat de Rome à
Tibère. C'est aussi par ces moyens qu'on étouffe
les plaintes amères des provinces sur l'énormité des impôts, sur les désordres si multipliés
dans toutes les parties du gouvernement, et
qu'on rend inutiles les remontrances des citoyens patriotes.

Ce sont encore les succès de l'espionnage et
de la corruption exercés par votre ministère,
Sire, dans toutes les cours, qui ont donné à
votre cabinet la réputation d'être le plus intrigant, le plus insidieux et le plus dangereux de
l'Europe : tantôt il provoque tel ministère à
insulter tel autre, et celui-ci à se venger pour
profiter ensuite de leurs querelles ; tantôt il
excite le Peuple anglais à l'insatiable avidité
mercantile, et le rend envieux de la prospé-

(11)

rité de quelque branche de commerce ou d'industrie d'une autre nation pour le tenir en
disposition perpétuelle de guerre, et par cette
hostile politique vos ministres rendent la nation
Anglaise ennemie de toutes les autres, et l'en
font détester.

Jamais, Sire, cette astuce rapace et minis-
térielle ne s'est développée avec plus d'audace
que sous votre règne; vos ministres, pour
faire des fortunes brillantes, corrompent tous
ceux qui peuvent embarrasser leur marche, ou
divulguer leurs délits; pour cette corruption
il faut des sommes immenses : or, sachant que
la guerre est toujours un prétexte suffisant et
la circonstance la plus favorable, pour demander,
pour obtenir de nouveaux subsides, et pour
pêcher à l'eau trouble, vos ministres provoquent
la guerre toutes les fois qu'elle leur convient,
et leurs succès alors sont d'autant plus certains
qu'ils dirigent eux-mêmes les dépenses de ces
guerres, de la marine, des armées de terre et
de mer, des affaires étrangères et de celles de
l'intérieur, des subsides aux princes étrangers,
des espions, etc. etc. Et que de moyens pour
ces ministres pour piller, pour masquer leurs
rapines, pour payer et multiplier leurs partisans ! C'est un moyen certain aussi pour multiplier et pour attacher à la fortune du despote

une foule de rentiers et de capitalistes qui ont toujours un intérêt privé absolument contraire à celui de la nation.

C'est ainsi que la guerre, cette réunion de tous les crimes, de tous les désastres, ces calamités si funestes à l'agriculture, au commerce, à l'industrie, à tous les intérêts des Peuples, sont pour les rois, leurs courtisans et leurs ministres, des moyens d'augmenter leur despotisme et leurs richesses.

C'est par ces affreux moyens, Sire, que votre famille a créé la presque totalité de l'énorme dette de 280 millions sterlings dont votre nation est affligée, et dont elle paye neuf millions sterlings d'intérêt annuel. Cette dette est d'autant plus criante que l'intérêt en est trop foible pour être susceptible de réduction ; qu'elle n'a point et ne peut point avoir d'hypotèque ; que les nations étrangères ayant plus de fonds dans cette dette que les Anglais, il en résulte que la plus forte partie des intérêts de cette dette est anuellement dépensée hors de vos Etats, sans qu'il puisse y en rentrer une obole par les impôts, et que la portion de la dette viagère extinguible n'est que de 1,200 mille livres sterlings.

Cette dette est plus criante lorsque l'on considère que la nation n'a point de ressource pour la payer , dans la vente des domaines du prince ni de son clergé.

Cette dette est plus criante lorsque l'on considère que de toutes les nations la vôtre est la plus écrasée d'impôts , et que c'est encore vous, Sire , qui avez créé la majeure partie de cette charge accablante.

Cette dette est plus criante encore , lorsque l'on considère que l'énorme taxe de trois millions sterlings pour les pauvres , et le grand nombre de vos hôpitaux très-riches et très-peuplés , prouvent qu'une grande partie de votre nation est réduite à la mendicité , et cette excessive misère ne caractérise-t-elle pas le gouvernement le plus destructeur ?

Cette dette est plus criante encore, lorsqu'avec une liste civile excessivement riche , on vous en voit , sire , mendier fréquemment l'augmentation , sous le faux prétexte que vous avez des dettes , tandis que tous les Anglais voient que vous vivez sans faste , que vous ne dépensez rien des revenus de votre Electorat, et que vous avez en caisse au moins huit millions de livres sterlings , que vous enlevez à la circulation.

C'est ainsi, Sire, que vous sucez le sang de vos peuples; c'est ainsi qu'après leur avoir préparé la banqueroute la plus hideuse , la plus menaçante pour toute l'Europe, qu'après leur

avoir creusé ce profond abyme, vous voulez
aujourd'hui les y précipiter en les entraînant
dans la guerre la plus injuste, la plus tyrannique
et la plus désastreuse, contre la France.

On sait combien vos ministres, furieux de
la menace que nous vous avons faite de demander
justice contre vous à votre nation, votre véritable souverain, si vous continuiez votre odieuse
conduite contre nous. On sait, dis-je, combien
vos ministres, Sire, se sont donné de mouve-
mens, et combien ils ont fait de dépenses pour
corrompre l'opinion publique par des calomnies
contre les Français, pour corrompre les membres
les plus accrédités des clubs de Londres et
des provinces, et pour payer des agitateurs en
France.

C'est ainsi que vos ministres se sont efforcé
de persuader aux Anglais, que la France n'é-
toit plus que la proie d'un petit nombre de
factieux et de scélérats qui prêchoient la loi
agraire, le partage des terres, et qui faisoient
massacrer les riches pour s'emparer de leurs biens.

Sans doute il y a en France des factieux, des
assassins et des brigands; mais ils sont soudoyés
par vos ministres, Sire, et par ceux des rois
coalisés pour y semer et perpétuer la discorde,
pour y provoquer et commettre tous les crimes;
et d'une part la nation ne s'est-elle pas indignée

de ces crimes, n'en a-t-elle pas ordonné la poursuite et la punition ? et d'autre part les succès qu'ont obtenu depuis cinq mois les Français, contre les armées combinées de la Prusse, de l'Autriche et des émigrés, ne sont-ils pas les résultats nécessaires de la volonté générale et des forces réunies de la nation, pour conserver sa liberté ?

Vos ministres vous trompent, Sire, en vous assurant que vous nous trouverez hors d'état de vous résister. Si, lorsque nos places fortes, nos armées, nos finances étoient dans les mains du traître Louis XVI et de ses partisans, et lorsque nous étions trahis par-tout, nous avons foudroyé nos ennemis, comment espérer de nous vaincre aujourd'hui que nous avons des généraux patriotes et braves, des armées aguerries, grand nombre de vaisseaux de toute grandeur, des matelots aussi bons que les vôtres, d'excellens officiers de marine, les meilleurs artilleurs de terre et de mer, et la ressource certaine de plus de trois milliards dans nos domaines nationaux ?

Toute faction, toute désunion cessera chez nous, dès qu'il s'agira du salut de tous, et la discorde incendiera l'Angleterre, dès que les Anglais seront éclairés sur les dangers affreux et inévitables qui doivent résulter pour eux des succès mêmes de vos hostilités contre nous.

Supposé qu'à force de corruption, vous obte-
niez, Sire, de votre parlement, de nouveaux
subsides pour cette guerre du despotisme contre
la liberté, cette surcharge d'impôts, ce surcroît de
misère ne pourroit-il pas précipiter la juste insurrection de vos nombreux mécontens, des Ecossais et
des Irlandais, sur-tout, si vexés par votre parlement, si desireux de recouvrer leur liberté ?
Quelle occasion plus favorable pour eux de
l'obtenir, que celle où toutes vos forces seront
sur nos côtes? Vous risquez donc, Sire, d'avoir
la guerre, tout à la fois au-dedans et au dehors,
et si dans ce moment nous faisions une des-
cente en Angleterre, ne seriez-vous pas trop
heureux de trouver votre salut dans une fuite
précipitée ?

Observez, Sire, qu'aucune Puissance de l'Europe n'est en état de soutenir la guerre contre
nous pendant deux ans, tandis que nous avons
des ressources certaines pour trois campagnes,
en destinant un milliard pour chacune, et
qu'avec un milliard, on entretient pendant un
an, un million de soldats bien armés, nourris,
soldés et habillés.

Observez quelle supériorité doivent avoir des
citoyens qui défendent leur liberté et leurs
intérêts les plus chers, sur les satellites aveugles
d'un despote.

Observez

Observez que nous n'avons pas besoin d'augmenter nos impôts, et que nos assignats ont
une hipothèque réelle et excellente, tandis que
votre papier monnoie n'en a aucune, qu'il n'a
circulé jusqu'à présent que par une confiance
fondée sur l'erreur, sur l'ignorance où sont les
Anglais du malheureux état de leurs finances,
et qu'enfin le crédit factice de votre banque
de Londres cessera dès l'instant que les Anglais
prudens et sages s'empresseront d'en retirer
leur numéraire, dont ils sont assurés de dou-
bler l'intérêt, en le plaçant dans nos domaines
nationaux.

Nous avons contre vous, Sire, encore une
autre arme à laquelle vous ne pouvez opposer
que des moyens insuffisans ; malgré vous,
malgré vos polices, nous électriserons le patriotisme de vos mécontens, avec notre déclaration des droits de l'homme, et par les vérités
les plus foudroyantes pour votre despotisme ;
et croyez que cette nouvelle force secondera
puissamment celle de nos bombes, de nos
boulets rouges et de nos sabres. Nous deman-
derons et nous offrirons tout-à-la-fois aux
Anglais, aux Ecossais, aux Irlandais les secours
de l'amitié ; déjà nous sommes assurés qu'un
très-grand nombre sont aussi bien disposés en
notre faveur, que nous le sommes pour eux-

mêmes ; les Anglais voyent en général, aussi bien que nous aujourd'hui, qu'il n'a existé de rivalités, de jalousies, de haines entre nos deux nations, que celles qu'y fomentoient et perpétuoient nos despotes, dont la maxime favorite fut toujours de *diviser pour règner*.

Les Anglais témoins de tout ce que vous avez fait pour asservir les Américains, et pour favoriser le despotisme du Stathouder, pourroient-ils s'aveugler au point de ne pas voir que vos projets actuels contre nous ont pour but essentiel de conserver et d'augmenter votre despotisme, qu'ainsi c'est contre eux-mêmes que vous voulez les armer autant que contre nous ? La plus funeste expérience et le simple bon sens ne prouvent-ils pas à tous les peuples que le despotisme ne peut que dépeupler et stériliser la terre ?

Les Anglais peuvent-ils s'empêcher de voir qu'en prodiguant leurs richesses et leur sang, pour nous replonger dans les fers, ce seroit se déclarer ennemis de la liberté des peuples ; ce seroit vouloir perpétuer l'esclavage et la misère de ceux qui sont dominés par des despotes ?

Les Anglais peuvent-ils se dissimuler que les plus grands désastres résulteroient nécessairement pour eux, des succès même de la guerre

que vous préméditez contre nous ; car si vous
parveniez, Sire, à nous abattre, à nous ruiner,
quelle dépense énorme cette horrible destruction
coûteroit à votre nation ? Quel accroisement
de sa dette, de ses impôts, de sa misère ! Que
de banqueroutes il en résulteroit chez elle ?
Et quelles ressources immenses elle perdroit
pour son commerce et pour son industrie,
puisqu'elle fait un commerce beaucoup plus
considérable et plus avantageux avec nous,
qu'avec aucune autre nation ! Et si nous triom-
phions, Sire, où en seriez-vous ?

Non, sire, vous n'obtiendrez point le consen-
tement des Anglais à cette guerre de tyrans ;
ils connoissent aujourd'hui les vices de leur
constitution ; ils savent qu'elle n'est en dernière
analise, que le despotisme auquel on a donné
les formes légales pour le rendre plus puissant,
plus dangereux. Ils savent qu'une nation n'est
point libre, lorsqu'elle est assujettie à la tyrannie de la presse maritime, à une multitude de
monopoles, de prohibitions et d'entraves pour
son commerce et son industrie ; lorsqu'elle ne
peut publier ses opinions sur les vices de son
gouvernement, sur la conduite des ministres,
sur les droits naturels de l'homme et sur ceux
de la nation, sans s'exposer aux plus grands
dangers ; l'orsqu'une grande partie decette nation

n'a point de représentans au parlement et ne peut en obtenir ; lorsqu'elle est écrasée de dettes et d'impôts, qu'elle n'a consentis que par ignorance, séduction et corruption ; lorsque son chef a dans ses mains tous les moyens de s'assurer des élections dans les comtés, et de la majorité des suffrages dans le parlement ; lorsque ce chef est maître des tribunaux, qu'il peut à son gré suspendre le cours de la justice, et casser le parlement ; lorsque, sans la consulter, ce chef peut décider seul la paix, la guerre, et compromettre l'intérêt national par des traités insidieux, onéreux avec les puissances étrangères ; lorsqu'il peut d'un seul mot paraliser la volonté générale de la nation, et qu'il n'est aucunement responsable de ses actions ; lorsqu'en un mot cette nation n'ayant point la jouissance de ses droits naturels de propriété, de liberté, de sûreté, d'égalité, de résistance à l'oppression et de souveraineté, elle ne peut en obtenir la restitution que par une insurrection générale, comme l'ont fait les Américains et les Français.

De bonne foi les Anglais peuvent-ils se dissimuler que telle est leur véritable situation, et qu'il en résulte évidemment qu'ils n'ont été jusqu'à-présent que des esclaves sur les chaînes desquels est écrit le mot *liberté* ?

Je le répète, les Anglais en général, voyent

aussi clairement que nous qu'il est de notre véritable intérêt réciproque d'être libres et de fraterniser ensemble, pour nous garantir réciproquement la jouissance de nos droits naturels, civils et politiques, pour nous rendre mutuellement riches et heureux ; ils ne peuvent se dissimuler les biens incalculables qui résulteroient pour eux, pour nous, pour tous les peuples, de l'union et de la prospérité des deux nations les plus éclairées, les plus libres, les plus riches et les plus énergiques.

Votre nation, Sire, est forcée d'avouer que nous n'avons aucun tort envers elle ; que nous n'avons pris les armes que contre les despotes qui se sont coalisés contre nous pour anéantir cette déclaration qui leur arrache, et aux nobles et aux prêtres catholiques, les droits dont ils ont dépouillé l'homme et les peuples ; que nous ne vous déclarons la guerre que parce que vous vous êtes réuni à cette coalition ; votre nation voit aussi, Sire, que notre déclaration de guerre contre vous sera nulle, dès l'instant qu'elle vous refusera les secours suicides que vous lui demandez pour combattre une révolution qui, par ses succès, doit devenir l'évènement le plus heureux pour elle, et le plus malheureux, s'il étoit possible qu'elle fût renversée ; ses hostilités contre nous ne pourroient donc être que le produit de son esclavage et de son aveuglement sur ses véritables intérêts ; car enfin l'énormité de sa dette, de ses impôts et de la taxe de ses pauvres est une preuve trop évidente que les guerres, quelque constament victorieuses qu'elles puissent être, sont toujours ruineuses pour une nation, et toujours des sources de richesses et de despotisme pour les rois et pour leurs ministres, à moins qu'il n'en résulte le renversement de leurs trônes.

Dans ces circonstances critiques, Sire, voici les meilleurs conseils qu'on puisse vous donner. Evitez la guerre contre nous ; demandez vous-même à vos peuples une révision de la constitution Britannique, et donnez leur une complette représentation libre dans un nouveau parlement dont ils éliront tous les membres. Si vous suivez ces conseils, vous assurerez votre couronne, qui est maintenant fort chancelante, et vous acquérerez la puissance solide que donne l'estime d'une nation.

Si vous rejettez ces conseils, Sire, la révolution se fera malgré vous dans vos Etats. Si l'on en doit juger par le sang qui a coulé dans vos provinces pendant ses révolutions, et qui fut mille fois plus abondant que celui qui a été répandu en France depuis trois ans, la révolution que vous préparez chez vous, Sire, sera infiniement plus orageuse ; les nombreux mé-contens de vos trois royaumes se coaliseront contre vous , ils vous précipiteront du trône, vous et votre race , et vous l'aurez bien mérité.

A U
STATHOUDER
DE
HOLLANDE,

Par J. G o r a n i, Citoyen Français, etc.

Monseigneur,

Dans l'ivresse du despotisme, les ministres des principaux tyrans de l'Europe nous ont dénoncés à leurs esclaves comme des hommes plus sanguinaires, plus cupides que des pirates et des filibustiers. Pour le prouver, il nous attribuent leurs propres crimes, leur système réfléchi d'injustices et de brigandages ; ils nous accusent d'avoir emprunté le langage séduisant des droits de l'homme et de la philantropie, pour égarer les peuples, pour les disposer en faveur de nos légions qui, sous prétexte, disent-ils, de délivrer les opprimés du joug de leurs despotes et de celui des castes privilégiées, leur portent des chaînes nouvelles et plus pesantes que celles de leurs tyrans. Ces calomniateurs attribuent à notre nation entière l'injustice de quelques contributions exigées de peuples amis par quelques-uns de nos mandataires, et désavouées par la majorité de notre nation. Ils lui attribuent les rapines de quelques pourvoyeurs de nos armées., quoique ces rapines soient communes par-tout à la plupart des gens de cette espèce ; ils lui attribuent les déclamations imprudentes ou incendiaires de quelques cerveaux exaltés, qui, par-tout où les opinions sont libres, abusent de cette liberté pour développer des idées ridicules ou révoltantes ; ils attribuent à toute notre nation les attentats de quelques scélérats qui ont pillé leurs concitoyens, et qui ont ensanglanté la terre de la liberté, mais qui ont été payés pour commettre ces crimes par ceux mêmes qui nous les reprochent, et qui, désespérant de nous vaincre dans les combats, s'efforcent de nous détruire par des dissensions intestines ; puis, d'effrayer leurs esclaves de notre anarchie, pour les contenir dans la servitude, et pour les dégoûter du gouvernement républicain.

C'est ainsi, Monseigneur, que vous autres despotes et vos suppôts, ne cessez de nous calomnier, et d'opposer au tableau des maux dont vous nous affligez, celui de la soumission aveugle et du morne silence qui vous environnent, et qui ne sont exactement que les effets de l'inertie, de la terreur, de l'abrutissement et de la stupeur que produit votre avide et cruel despotisme. Continuez, Monseigneur, de nous calomnier, nous continuerons de vous confondre, vous et nos autres ennemis, par nos lois sages, par nos succès, et nous mettrons à côté de vos calomnies les vérités que vous et vos prédécesseurs avez écrites en lettres de sang dans vos annales abominables; je vais vous en rappeler quelques-unes.

Guillaume, prince d'Orange et fondateur du Stathoudérat, ne montra d'abord que les intentions de délivrer ses compatriotes de la tyrannie de Philippe II; mais, bientôt, il prouva qu'il n'avoit travaillé que pour sa propre ambition, en s'emparant de tous les pouvoirs; et certainement il seroit devenu le tyran de la Hollande, si un émissaire de la cour de Madrid ne l'avoit point assassiné.

L'ambitieux, l'ingrat, le cruel et perfide Maurice ne respiroit que l'asservissement de sa patrie; il fit assassiner un grand nombre d'hommes vertueux, et suborna de faux témoins pour faire condamner à mort son instituteur, qui avoit le plus contribué à l'élever au Stathoudérat, le vénérable vieillard Barnewelt, l'un des plus grands hommes qu'ait produit la Hollande.

Le tyran Guillaume I I médita les projets les plus funestes à son pays, et son fils, Guillaume III, les exécuta de la manière la plus violente, en faisant assassiner lâchement les célèbres frères de Wit, les hommes les plus respectables qui fussent alors dans ce pays; puis, ce prince, souillé de crimes, usurpa le trône de la Grande-Bretagne, où il se rendit odieux par toutes sortes d'astuces et de perfidies.

En 1702, Guillaume III n'ayant point d'enfans, institua par son testament, pour son légataire universel, le prince de Nassau Dietz, son parent, qui étoit Stathouder héréditaire des deux provinces de Frise et de Groningue. Ce jeune prince fort intrigant et fort ambitieux auroit pu réussir à se faire donner le Stathoudérat des cinq autres provinces, s'il ne s'étoit pas noyé en 1711. Son fils posthume, Guillaume Charles, étoit très-insinuant et se fit des partisans ardens qui cependant ne purent ajouter à sa puissance que le Stathoudérat de la Gueldre, en 1722; les quatre autres provinces eurent infiniment à souffrir de ses conspirations contre elles; mais elles conservèrent leur liberté jusqu'en 1747. Alors le peuple de quelques villes, soulevé contre les patriotes, par une faction composée de prêtres, d'égoïstes corrompus et de nobles, à la tête desquels étoit le comte de Bentink et soutenue par le ministère Anglais, éleva au Stathoudérat des sept provinces, Guillaume IV votre père, Monseigneur, qui modela sa conduite sur celle des Stathouders que je viens de citer. Sa première opération fut de rétablir le haut conseil de guerre qu'avoit imaginé le tyran Maurice, et qui fut toujours en Hollande une inquisition despotique ; il imita aussi son ingratitude envers ceux qui avoient le plus contribué à son élévation, car il s'en fallut peu qu'il ne fit éprouver à Bentinck, le sort de Barnevelt ; mais avec cette différence que Bentink le méritoit, parce qu'il avoit trahi sa patrie, en s'intéressant en faveur du despotisme ; jamais une pareille idée put-elle venir dans la pensée d'un homme honnête ? Bentink n'ayant jamais consulté que sa propre ambition et sa cupidité, je vous ai vu sans regret, Monseigneur, en 1767, lui donner plusieurs preuves de mépris. On aime la trahison, mais toujours on méprise les traîtres.

Dès que votre père, Monseigneur, se vit en possession du Stathoudérat, il donna toute sa confiance au duc Louis de Brunswick, homme inquiet, turbulent, avide de biens et d'autorité, faux ami, lâche ennemi, et qui à la mort de

votre père, devint le ministre favori de votre
mère, dont il dirigea la régence pendant votre
minorité.

De concert avec la cour de Londres, en
1756, le duc Louis fut sur le point d'entraîner
les Hollandais dans une guerre qui n'intéressoit
que leurs ennemis ; ils n'échappèrent qu'avec
peine à ce danger ; les Anglais se vengèrent de
leur résistance par d'infâmes pirateries ; Ce fut
en vain que les états-généraux pressèrent votre
mère d'opposer à ces brigandages une vigoureuse
résistance ; non seulement elle se refusa à tout
armement maritime, mais elle eut l'audacieuse
perfidie de s'entêter à demander une augmentation des troupes de terre.

Ce concert de la cour de la Haye avec celle de
Londres, et le constant entêtement des Stathouders
à vouloir toujours augmenter leur armée de terre
très-inutile à leur pays, suffiroient pour prouver leur
constante conspiration contre leur nation, s'ils n'en
avoient pas d'ailleurs trop multiplié les preuves ;
en effet, 1°. jamais un Etat commerçant tel que
la Hollande, ne dut être militaire et n'eut besoin
de plus de 12 à 15 mille soldats pour garnir
ses places fortes et pour sa police intérieure ;
aussi, dans leurs époques de liberté, les Hollandais favorisèrent ils toujours et avec raison,
leur marine marchande, de préférence à leur

armée de terre, mais toutes les fois que l'autorité stathoudérienne domina, la marine fut
négligée et l'armée de terre augmentée, parce
que les Stathouders voyoient bien que les esclaves
disciplinés ne s'attachent qu'à leur chef, ne connoissent que lui, et qu'ils sentoient le besoin de
cette force continuellement armée pour augmenter et conserver leur despotisme. 2°. Les
Hollandais ont si constamment éprouvé que la
nation Britannique travailloit sans cesse ouver-
tement ou secrètement a envahir leur commerce
et leur industrie età les écarter de la concurrence,
qu'ils ont toujours regardé cette puissance comme
une rivale redoutable, cependant leurs stathouders
ont toujours brigué l'alliance de l'Angleterre
et sa protection, et pourquoi cet intérêt opposé entre les Hollandais et leur chefs ? C'est
encore que, ceux-ci tendans toujours au pouvoir absolu et voyant la même ambition dans
les rois d'Angleterre, sentoient qu'ils avoient
un besoin réciproque de faire cause commune,
pour s'aider mutuellement à asservir leurs peuples ; mais le despote Anglais ayant toujours
été le plus fort, est venu à bout de faire de
la Hollande une province de la grande Breta-
gne, et sur laquelle il domine plus impérieu-
sement que sur ses propres États ; c'est donc
ainsi que les Stathouders furent toujours vendus

aux intérêts du despote Anglais ; c'est ainsi que la puissance stathoudérienne employa toujours les trésors et les flottes de la Hollande à l'agrandissement d'une Rivale dangereuse ; Enfin c'est ainsi que le stathoudérat a toujours été la seule véritable cause de la décadence de la république de Hollande.

C'est ce même duc Louis qui fut votre principal instituteur, Monseigneur; il vous rendit souple aux plus mauvais conseils, en vous inspirant la plus grande confiance en lui; il vous écarta de l'application aux affaires pour gouverner en votre nom, en infectant votre esprit et votre cœur d'inclinations vicieuses ; c'est lui qui, pendant que vous vous amusiez à faire le métier de major, à commander l'exercice ou la parade à vos gardes, ou à vous enivrer, intriguoit dans toutes les villes pour qu'on ne nommât que ses affidés aux magistratures, et répandoit des espions jusques dans les troupes et sur tous les vaisseaux pour connoître quels étoient les partisans du prince et ceux de la liberté; c'étoit lui qui donnoit des pensions secrètes aux ministres de la religion et aux professeurs des universités pour insinuer à la jeunesse que leur patrie ne pouvoit prospérer que par l'augmentation du pouvoir de votre maison ; il mit aussi dans ses intérêts les femmes intrigantes et galantes qui toutes

exerçoient

exercoient l'espionage et la séduction pour ac-
croître le nombre de vos partisans ; c'est à ces
dépenses que ce prince employoit tous vos revenus, et c'est ainsi qu'il préparoit l'asservissement
des patriotes ; enfin ce détestable brouillon qui
s'étoit fait chasser de la Russie en 1741, et qui
ne régna que quelques heures en Courlande,
se fit aussi chasser de la Hollande par l'exécra-
tion de presque tous les partis ; et par des cabales
et des intrigues séditieuses, il se fit encore
chasser d'Aix-la-Chapelle où il s'étoit réfugié.

J'ai été témoin d'une partie de cette conduite
de Brunswik, pendant les annés 1767 et 1768
que j'étois chargé près de vous, Monseigneur,
de commissions importantes de la cour de Vienne
et que m'avoit confiées le prince Vinceslas
Leichtestein.

Ce fut aussi le duc Louis, Monseigneur, qui
fit choix de votre épouse ; il l'instruisit si bien,
que bientôt elle le surpassa en intrigues et en
ambition. Pour vous procurer l'autorité absolue
dont elle vouloit disposer, elle s'attacha à
gagner Frédéric Guillaume, son frère, en lui
prêtant de l'argent à plusieurs reprises pendant
qu'il n'étoit encore que prince royal ; Sophie
Guillemine très-avare, mais encore plus ambi-
tieuse se ménageoit ainsi un instrument pour
l'exécution de ses sinistres projets. Cependant,

C

malgré les obligations qu'il avoit à sa sœur,
l'imbécille exécuteur des hautes œuvres de Kau-
nitz, eut de la peine à consentir de favoriser
la contre-révolution qu'elle désiroit ; mais , pour
l'y déterminer, elle imagina d'irriter son amour-
propre en se faisant insulter par quelques patriotes, et cette ruse lui réussit ; car aussitôt
le roi de Prusse fit marcher en Hollande une
petite armée commandée par le duc de Brunswik Lunebourg , dont toutefois il borna les
pouvoirs à rétablir en ce pays le gouvernement tel qu'il étoit avant la dernière révolution,
et certainement cet ordre seroit resté sans
effet , si le ministère de France avoit seulement
fait semblant de vouloir soutenir les patriotes.

Votre épouse , Monseigneur, n'étoit pas con-
tente des instructions que son frère avoit donné
à son Dom Quichotte ; je le répète, c'étoit le
despotisme le plus absolu qu'elle désiroit, et
dès qu'elle sut que Brunswick étoit sur vos
frontières, connoissant son avidité, elle chercha de
l'argent dans son pays, et n'en trouvant point,
elle s'adressa au roi d'Angleterre toujours disposé à favoriser le despotisme, et qui lui envoya trois tonneaux d'or qu'elle fit porter dans
la tente de Brunswick ; à l'instant celui-ci
oubliant les protestations qu'il avoit faites de
s'en tenir exactement à ses instructions, renversa

non-seulement le nouveau gouvernement qu'avoient établi les patriotes, mais aussi la constitution même qui existoit avant cette révolution, et vous constitua despote absolu de toutes les Provinces-Unies.

Les tonneaux d'or, bien loin d'éteindre la cupidité de Brunswick ne firent que l'irriter tellement qu'il se permit dans ses excursions en Hollande toutes sortes de brigandages. Par-tout où il passoit, on le logeoit dans les plus grandes, les plus belles maisons et les plus richement meublées; en les quittant, il en emportoit l'argenterie, les bijoux, les porcelaines, le plus beau linge, les meubles les plus précieux, et tout ce qui étoit transportable; il envoyoit tout cela chez lui, et fesoit encore payer les frais de transport aux malheureux Hollandais. A son exemple, les généraux et les officiers de son armée pillèrent aussi tout ce qui leur convenoit, et pour assouvir la vengeance de votre épouse, ils s'amusèrent à détruire quelques maisons des plus riches et des plus zélés patriotes.

Cette lettre deviendroit beaucoup trop longue si j'y rapportois tous les crimes que vous et votre épouse, Monseigneur, avez fait commettre dans ces circonstances; je me réduis à vous assurer que vos patriotes ne les ont point oubliées, et quelle imprudence à vous de nous appeller à leur secours, par les délits dont vous vous êtes rendu coupable envers nous depuis trois ans; voici ceux dont j'ai recueilli les preuves pendant le séjour que j'ai fait en Hollande au mois de Septembre dernier.

J'ai su que, sous le masque de la neutralité, vous n'aviez pas cessé, Monseigneur, depuis le commencement de notre révolution, de travailler à miner sourdement notre liberté naissante.

J'ai su que vous aviez répandu des émissaires dans vos villes et dans vos campagnes, pour en irriter les habitans contre nous.

J'ai su, avec combien d'intérêt vous aviez accueilli les sollicitations de nos ennemis déclarés et celles du ministère Anglais, pour vous coaliser avec les cours de Vienne et de Berlin contre nous.

J'ai su que vous n'attendiez que le signal de votre protecteur Georges III, pour vous déclarer contre nous.

Je sais que si vous ne nous avez pas prévenu dans la déclaration de guerre que nous venons de vous faire, c'est que vous vous méfiez de vos forces et des dispositions de vos peuples, qui vous donnent de fréquentes inquiétudes par les preuves de leur excessif mécontentement.

C'étoit assez, Monseigneur, pour nous don-

ner droit de vous déclarer la guerre ; mais
nous avons encore bien d'autres reproches à
vous faire, et les voici :

Il fut toujours permis en Hollande, de
faire le trafic des armes et des munitions de
guerre, excepté pendant le tems que la République étoit elle-même en guerre. Ainsi les
Hollandais ont vendu des canons, des fusils,
des boulets, des balles et de la poudre aux
Corses, pendant les diverses époques où ils
défendoient leur liberté, contre les Génois,
les Français et les Allemands soldés par les
Génois. Ainsi ils ont vendu des armes, des
munitions de guerre et des vaisseaux aux Américains pendant qu'ils secouoient le joug de l'avide
et cruel ministère de St. James. Ils firent le
même commerce avec les Turcs, pendant qu'ils
se battoient contre les puissances chrétiennes ;
et même avec les Barbaresques, quoique ces
pirates ne s'en servent que pour désoler sans
cesse le commerce des nations qui n'ont point
de traités avec eux, ou qui ne leur payent
point de tributs.

Enfin, votre gouvernement même, Monseigneur, a souvent pris part à ce genre de spé-
culations mercantiles, et je le prouve par les
faits suivans.

Votre gouvernement avoit vendu quelques

milliers de fusils à la maison Hozey, qui en avoit acheté quelques autres milliers, et les avoit vendus tous à notre concitoyen Caron de Beaumarchais : Pourquoi votre gouvernement, sollicité par celui de Bruxelles, s'est-il opposé à la livraison de ces fusils? Pourquoi les a-t-il fait arrêter en Zélande? Pourquoi a-t-il forcé la maison Hozey de rompre son marché à ce sujet?

Pourquoi, Monseigneur, avez-vous favorisé de tout votre pouvoir, les acquisitions d'armes et de munitions faites dans vos Etats, à différentes époques par le ministre Narbonne et autres, sous le nom de Louis XVI, pour les émigrés français?

Pourquoi vous êtes-vous interessé à ce que ces diverses acquisitions se fissent au meilleur marché possible, et à ce qu'elles fussent exactement expédiées à nos ennemis?

Pourquoi avez-vous facilité le transport de ces armes à Coblentz et en d'autres lieux de rassemblement de nos ennemis?

Je me suis aussi procuré les preuves les plus certaines des conseils que vous n'avez pas cessé de donner, Monseigneur, aux ministres de Louis XVI, pour opérer une contre-révolution chez nous.

J'ai des preuves certaines que c'est sous vos auspices que la cour des Tuileries envoyoit à

Amsterdam, notre or et notre argent, qu'elle faisoit acheter à tout prix pour discréditer nos assignats.

J'ai des preuves certaines que c'est sous vos auspices que cet or et cet argent ont été convertis chez vous en ducats que vous avez fait passer à Coblentz.

J'ai la preuve certaine que cette ville a été pendant long-tems le dépôt où se faisoient, par vos ordres, les remises des fonds destinés à acheter des armes, des munitions et des vivres pour les émigrés.

J'ai la preuve que c'étoit à Amsterdam que devoient se faire, sous vos auspices, les fournitures pour les armées Russes et Suédoises.

J'ai la preuve que c'est dans cette ville, que les princes et les églises d'Italie, de Portugal et d'Espagne, ont fait passer leurs contributions pour la coalition armée contre nous.

C'est un fait, que depuis 1789, vous avez établi dans vos états, une inspection inquisitoriale sur les étrangers, et que vous l'avez exercée avec la plus brutale activité contre les patriotes français.

C'est encore un fait, que depuis notre révolution vous avez interdit chez vous la liberté
de la presse, et que vous y avez répandu grand
nombre d'espions.

C'est encore un fait que vous avez défendu
chez vous la lecture du Moniteur Universel et
de plusieurs autres papiers patriotes français,
dans les caffés et autres lieux publics, et qu'il
n'a pas tenu à vous, qu'aucun particulier ne
pût les recevoir; tandis que vous favorisiez la
corruption de l'opinion publique contre nous
par la circulation des papiers royalistes et
aristocratiques.

C'est ainsi, Monseigneur, que vous avez cru
devoir reconnoître les services que vous avoit
rendu Louis XVI, en ne s'opposant point aux
brigandages et aux cruautés que vous avez
fait exercer chez vous par le vil Brunswick et
par ses satellites. C'est ainsi que vous avez
prouvé votre haine pour une révolution si
allarmante pour votre despotisme, stimulé
d'ailleurs par les conseils et les promesses du
ministère Anglais.

Lisez, Monseigneur, ma lettre à Georges III,
et voyez quel secours vous pouvez attendre

de lui ; il sera bientôt aussi embarrassé que vous ;
d'ailleurs, vous savez que ce despote est depuis
long-tems attaqué d'une maladie qui se gagne ;
puisqu'il l'a communiquée à ses ministres et à
la majorité de son parlement. Vous savez que,
dans un accès de délire, il a voulu, contre les
avis des hommes les plus sages de son royaume,
entreprendre la guerre d'Amérique, qui, seule
a augmenté sa dette, déjà énorme, de 139, 171,876
livres sterlings, dont l'intérêt à trois pour cent,
est de 3,575,126 livres sterlings, somme égale à
la totalité des revenus réunis des rois de Suède, de
Dannemarck, de Sardaigne et des vôtres, Monseigneur. Ne faudroit-il pas que vous fussiéz déjà
vous-même en démence, dans des circonstances
aussi critiques que celles où vous vous trouvez par
votre faute, pour mettre votre confiance dans
un homme qui, pour satisfaire un caprice, a
été capable d'une aussi excessive prostitution ?

Sans doute que, réduit à vos propres forces,
Monseigneur, vous serez bien foible contre
nous. Quelle figure feront vos bandes d'esclaves commandés par les officiers les plus
ignorans de l'Europe, après ceux du roi de
Sardaigne, devant les soldats de la liberté française, aidés des mécontens de vos tyrannies ?
En Septembre dernier, j'ai entendu vos officiers,

Monseigneur , se permettre dans les cafés et les spectacles , des rodomontades contre nous , parce qu'ils comptoient que les exploits de Brunswick , en France , ressembleroient à ceux dont ils avoient été témoins et complices chez vous. Nous verrons bientôt jusqu'à quel point ils s'intéressent à l'esclavage de leur patrie, à la perpétuité de votre despotisme.

Pouvez - vous ignorer , Monseigneur, que vous avez contre vous presque toutes les villes de vos provinces, et les habitans de vos campagnes ! Avez-vous oublié les généreux efforts qu'ils ont fait en 1783 , pour recouvrer la liberté que leurs pères avoient acquise, malgré la valeur héroïque des vieilles bandesEspagoles, Italiennes et Germaniques, qui étoient alors les troupes les plus braves et les mieux disciplinées de l'Europe ?

Les Hollandais , en 1783 , se montrèrent dignes de leurs ayeux , par l'héroïsme avec lequel ils bravèrent les proscriptions et la mort ; et la trahison seule des ministres corrompus , qui les livrèrent aux fureurs de votre harpie, et à la cruelle rapacité de Brunswick , empêchèrent leurs succès.

N'entendez-vous pas, Monseigneur, les mânes

de tant d'illustres victimes de votre tyrannie, crier vengeance à leurs enfans, à leurs compatriotes, et ceux-ci s'y engager par les sermens les plus terribles ? Croyez que les Hollandais, instruits par une trop longue et trop funeste expérience, des dangers d'une autorité héréditaire, sous quelque titre que ce puisse être, ne remettront l'épée dans le fourreau, qu'après avoir détruit ce fléau, et qu'après s'être assurés de l'impossibilité de jamais le revoir chez eux. N'espérez, Monseigneur, aucune grace, aucun succès de l'hypocrisie, de la fourberie, de vos menaces ni de vos larmes ; rien ne peut empêcher votre perte, si vous attendez l'arrivée de nos légions ; et vous laissera - t on la liberté de fuir comme votre fils ?

Ah ! Monseigneur, il n'y avoit aucun prince en Europe, dont le sort fût comparable et préférable au vôtre, si vous aviez su vous contenter d'être le premier magistrat d'une République libre et opulente, qui, sans exiger de vous aucune responsabilité, vous donnoit une cour brillante, en faisoit toute la dépense, et vous donnoit en outre un million de florins par an, lesquels, joints au revenu de vos Etats d'Allemagne et de vos biens allodiaux, qui montent à la même somme au moins , vous mettoient en état d'exercer toute la bienfaisance et la générosité d'un grand Prince ; vous avez préféré d'avoir des esclaves, d'être un tyran, et vous ne serez bientôt plus rien,

9 782013 558549